Este libro es dedicado a mis hijos- Mikey, Kobey Jojo.

Copyright © Grow Grit Press LLC. Todos los derechos reservados. Ninguna parte de este libro puede ser reproducida en ninguna forma sin el permiso por escrito de la editorial. Por favor, envíe solicitudes de pedido al por mayor a growgritpress@gmail.com 978-1-63731-366-4 Impreso y encuadernado en los Estados Unidos. NinjaLifeHacks.tv

Ninja Life Hacks™

SÉ AMABLE.
TIRA EL DADO.

El Ninja Decepcionado

Por Mary Nhin

—¡Buen juego! —le dije a mi amigo.

Tenía muchas ganas de ganar la carrera, pero sabía que había dado lo mejor de mí. Me acordé de que habría más oportunidades en el futuro.

Ser bueno en el deporte no me llegó de forma natural. He aprendido a practicar el buen espíritu deportivo incluso cuando me siento decepcionado.

Por ejemplo...

Cada vez que me retraso en un juego, sigo jugando según las reglas.

Cuando mis amigos me piden que juegue kickball en el patio de recreo, juego con ellos a pesar de que no soy muy bueno.

No siempre he sabido cómo lidiar con la decepción.

Cada vez que me decepcionaba, quería gritar, hacer trampa o llorar.

Por ejemplo, si estaba perdiendo un juego, quería dejarlo incluso si estábamos en medio del juego.

Y si mi equipo perdió, no quería darles la mano a nuestros oponentes.

¿Cómo aprendí a lidiar con la decepción?

Bueno, déjame explicarte...

La Ninja Animosa sacó algunos dados de un bolsillo.

Estos se llaman los dados de la buena deportividad. Hay seis lados que representan seis soluciones diferentes que puedes usar:

Recuérda que es solo un juego y di "Siempre puedo intentarlo de nuevo".

Da la mano y dile al ganador, "¡Buen trabajo!"

Dile a tu compañero, "Buen intento" después de perder un tiro.

El día siguiente fue el Día de Juegos.

¡Qué bueno fue aprender esas estrategias de los dados de la buena deportividad porque rápidamente los puse en uso!

Animé a mi equipo cuando estábamos perdiendo.

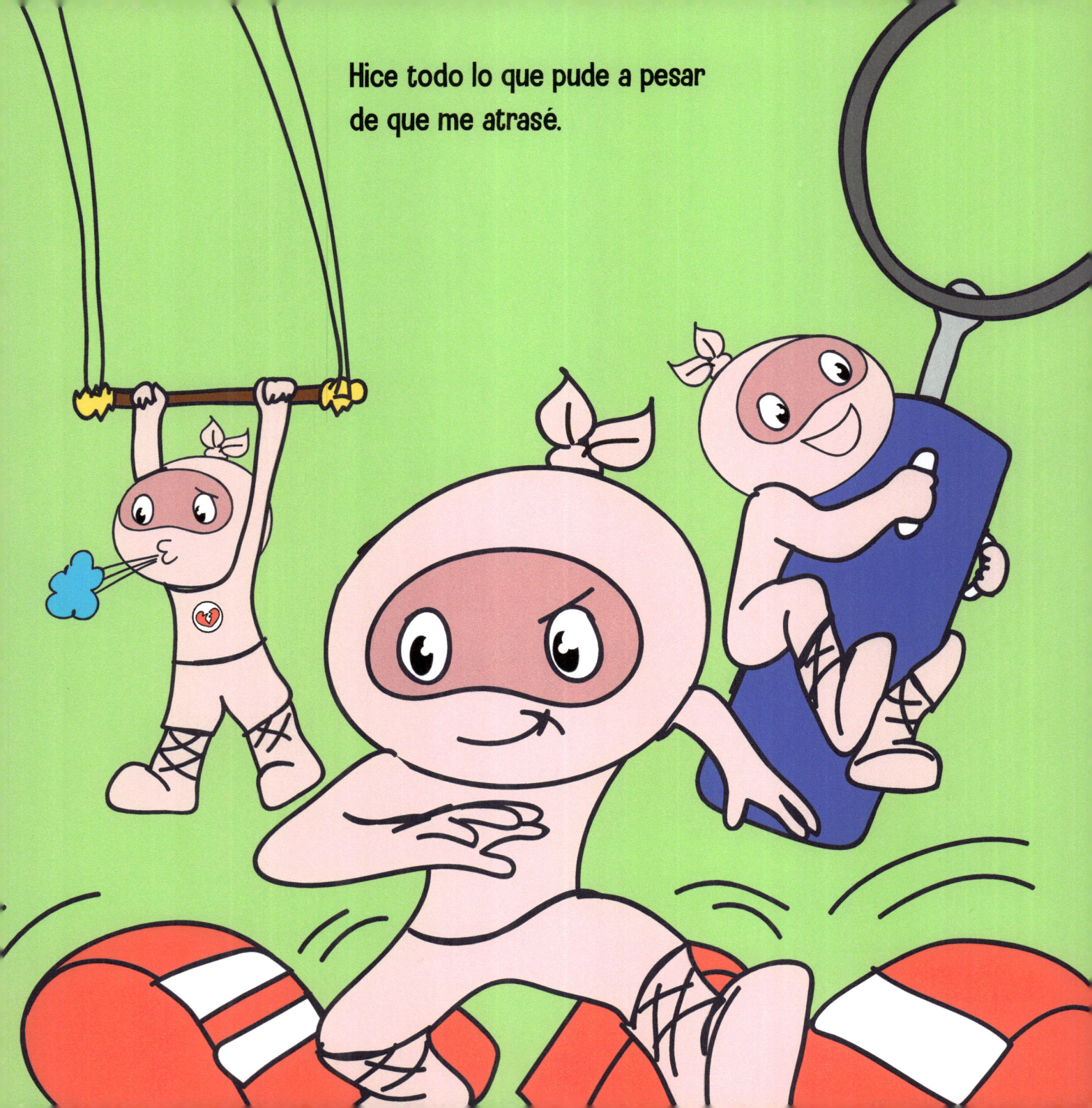
Hice todo lo que pude a pesar de que me atrasé.

Jugué limpio incluso cuando parecía que mis amigos iban a ganar.

Y le di la mano a mi oponente después de perder.

www.ingramcontent.com/pod-product-compliance
Lightning Source LLC
Chambersburg PA
CBHW040209100526
44583CB00002BA/64